ALLOCUTION

PRONONCÉE

Le 26 Mai 1891, en l'Église Saint-Pierre de Chartres

A LA SOLENNITÉ DU MARIAGE

DE

M. André Bellentani, Avocat

ET DE

Mlle Antoinette Malenfant

PAR

M. LE CHANOINE PIAU

VICAIRE GÉNÉRAL
SUPÉRIEUR DU GRAND SÉMINAIRE DE CHARTRES

CHARTRES
IMPRIMERIE DURAND
RUE FULBERT

—

1892

ALLOCUTION

PRONONCÉE

Le 26 Mai 1891, en l'Eglise Saint-Pierre de Chartres

A LA SOLENNITÉ DU MARIAGE

DE

M. André Bellentani, Avocat

ET DE

Mlle Antoinette Malenfant

PAR

M. LE CHANOINE PIAU

VICAIRE GÉNÉRAL
SUPÉRIEUR DU GRAND SÉMINAIRE DE CHARTRES

CHARTRES

IMPRIMERIE DURAND

RUE FULBERT

—

1892

ALLOCUTION

PRONONCÉE

Le 26 Mai 1891, en l'Église Saint-Pierre de Chartres

A LA SOLENNITÉ DU MARIAGE

DE

M. André Bellentani, Avocat

ET DE

Mlle Antoinette Malenfant

Mademoiselle, Monsieur,

Il est rare, trop rare en nos temps, que deux époux soient unis dans la foi et la piété, comme ils le sont dans la vie. C'est la main dans la main et le cœur dans le cœur que s'échangent les serments, ce n'est pas toujours l'âme dans l'âme. Quel malheur cependant que les âmes soient ainsi tristement séparées, quand l'union est par tous les autres côtés si intime et si complète !

Rien de semblable, grâce à Dieu, n'est à craindre dans le mariage que je suis appelé à bénir. Vous êtes chrétien, mon cher ami, et vous épousez une chrétienne. Vous ne formerez donc ensemble qu'une seule âme comme un seul cœur. Et ce mot presque sublime dans sa simplicité que s'entredisaient deux fiancés à la veille de leurs noces : « Nous aimerons le Bon Dieu et nous nous aimerons », à votre tour, époux chrétiens, vous vous le redirez et vous en ferez la devise de votre foyer.

Aussi bien pour aimer Dieu le premier, l'époux et l'épouse ne s'en aiment pas moins. Ils s'en aiment même beaucoup plus. Ils se sont mutuellement plus chers que la vie, parce que la vie leur est moins chère que Dieu même.

A des chrétiens, puis-je mieux faire, à cette heure solennelle, que de rappeler les grandeurs et les beautés du mariage chrétien. Sous quelque aspect qu'on l'envisage, le mariage chrétien apparaît grand et saint. Déjà il l'est par son origine et dans son principe ; il ne l'est pas moins dans ses effets et dans sa fin.

N'allez pas croire qu'en vous donnant aujourd'hui l'un à l'autre à la face des autels, tout se réduise à un contrat humain et purement consensuel, passé avec plus de solennité au milieu d'une brillante couronne de parents et d'amis. S'il y a ici un contrat, il faut du moins reconnaître qu'il ne ressemble à aucune autre convention humaine, puisque l'accord des volontés n'y suffit pas et qu'il doit être signé au ciel en même temps qu'il se conclut sur la terre. C'est Dieu lui-même qui, selon la pensée d'un vieil auteur, en garde la minute.

Ainsi scellée divinement, l'alliance, de sa nature fragile, qui s'établit ici-bas ne peut plus être dissoute.

Le lien dont elle est formée est si fort, il est noué et serré de si bonnes mains qu'il n'est pas de puissance sur terre qui soit désormais capable de la briser, et l'Église, l'Église elle-même munie pourtant du pouvoir universel et illimité de délier, se sent impuissante à séparer ce que Dieu a conjoint.

D'où vient au mariage chrétien une si merveilleuse stabilité ? Seule la puissance surnaturelle de la grâce peut l'expliquer. La vertu du sang de Jésus-Christ est là, c'est un sacrement et ce sacrement est grand, *Sacramentum hoc magnum est*. L'apôtre, un jour, l'a entrevu dans la soudaine clarté de l'inspiration divine, et il n'a pu retenir son admiration. Sous son regard ébloui, tout d'un coup se déroulent les mystères les plus augustes et l'union chrétienne des époux ne lui apparaît plus que comme le symbole le plus expressif et le plus vrai du mariage de Dieu lui-même avec notre humanité, de ces noces ineffables que le Verbe Incarné voulut célébrer ici-bas avec l'Église. L'amour conjugal dès lors aura sa base, son type dans cette tendresse si profonde et si sainte dont Jésus-Christ aime son Église. *Viri diligite uxores vestras sicut et Christus dilexit Ecclesiam.*

Comment donc tant de grandeur et de sainteté n'appellerait-il pas sur le mariage chrétien toutes les bénédictions du ciel ? La première, c'est la fécondité, Dieu n'a qu'une pensée : peupler le ciel d'élus et d'abord, pour cela, peupler la terre de saints. Il ne s'est pas proposé d'autre intention en instituant le mariage. L'enfant sera donc l'honneur et la joie du foyer, à une condition toutefois, c'est qu'il y trouve plus que le simple développement de son être physique, mais encore et surtout la formation de son esprit et de son cœur ; car, sans cela, l'intention providentielle et divine ne serait pas remplie.

Nos pères avaient le sentiment profond de ce devoir. Pourvu que leurs nombreux enfants « fussent poussés aux bonnes lettres et plus encore instruits à toute vertu », ils n'ambitionnaient rien davantage et « ne se peinaient d'autre chose », comme ils disaient dans leur vieux langage. Une vaillante femme au seizième siècle laissait tomber de sa plume, dans le livre de famille, cette maxime admirable qui devrait être inscrite en lettres d'or sur les murs de toutes nos maisons : « Il n'y a que de marcher par les grands chemins des commandements de Dieu, et Dieu nous mandera (traduisez, nous donnera) tout ce qui nous sera nécessaire. » Ainsi, pour faire son chemin à cette époque, on comptait premièrement et avant tout sur la fidélité à Dieu. Ce n'est pas que tout calcul d'intérêt fût absent des préoccupations de nos vieilles familles françaises ; le travail en particulier y était fort préconisé, mais, à leurs yeux, la qualité de gens de bien primait absolument tout le reste.

Époux chrétiens, il m'est doux d'espérer que vous perpétuerez au foyer que vous allez fonder de si nobles et si saintes traditions. Vous y ferez asseoir la religion et avec elle toutes les vertus domestiques, après quoi le bonheur dans la paix viendra immanquablement s'y fixer à son tour. Dans le monde, lorsqu'il s'agit de conclure une alliance, on suppute volontiers la somme de ce qu'on appelle les convenances ; convenances de fortune, de situation, de caractère, d'éducation, convenances de tout genre et de tout ordre. Or, un poëte écossais imagina, dit-on, d'établir, par une sorte de formule arithmétique, la mesure proportionnelle et combinée des convenances diverses à réunir pour faire un bon mariage. A supposer donc que la somme idéale soit 10, il voulait qu'on assignât 4 au bon caractère, 2 au bon sens, à l'esprit 1 et 1 également à la beauté. Restait deux unités qu'on était libre de répartir sur d'autres convenances, à son gré. Pour moi, sans nier ce qu'il y a d'ingénieux et de sensé dans ce calcul, j'estime qu'on sera beaucoup plus encore dans le vrai, si pour assurer le bonheur de son foyer on accorde la bonne moitié des points à la crainte de Dieu et à la solide piété ; car il peut alors suffire que les convenances physiques ou sociales se partagent le reste.

L'appoint précieux d'une forte foi pratique, vous l'apportez l'un et l'autre dans la balance où se pèse la destinée des époux. Manifestement, la balance, pour vous, penche du bon côté, et ce qui viendra s'y ajouter encore d'avantages humains achèvera d'entraîner le plateau vers la prospérité et le bonheur. Vous jouirez, en effet, de la considération et de l'estime dont votre nom est si justement honoré. C'est là, Monsieur, un patrimoine à part, cher entre tous, qui ne peut dépérir entre vos mains. Non content de le garder intact, vous le transmettrez à vos fils accru et amplifié. Qui, dans cette ville, ne rend hommage à vos qualités aimables, non moins qu'à la parfaite droiture de votre caractère? Qui ne salue en vous le magistrat intègre et ce « justum animatum » qu'admirait déjà le plus grand philosophe de l'antiquité ?

L'affection, bien plus doux encore, ne vous manquera pas d'avantage. Il est écrit que l'homme quittera son père et sa mère pour s'attacher à son épouse. Mais cela l'empêche-t-il d'aimer ceux qu'il laisse ainsi dans ce cher nid de la maison paternelle ?

Surtout cela empêche-t-il les pères et les mères d'aimer partout et toujours leurs enfants ? Ah ! les mères, elles peuvent bien quelquefois, même un jour de noces, essuyer une furtive larme, à la pensée d'une séparation qui s'impose douloureusement à leur tendresse ; mais qu'elles se consolent, puisqu'au lieu d'un seul enfant à chérir et à aimer, Dieu aujourd'hui va leur en donner deux. Et vous, Mademoiselle, enfant vraiment privilégiée, vous aurez désormais trois mères sans compter celle du ciel : cette mère d'abord selon la nature, si sage, si bonne, dont l'aile s'est étendue sur vos jeunes années avec tant de sollicitude et d'amour ; puis une autre, qui en vous donnant un époux a la joie aujourd'hui de vous adopter pour sa fille. Elle vous est déjà chère à ce titre, mais combien elle vous le deviendra plus encore, à mesure que vous connaîtrez mieux les hautes qualités de son esprit et de son cœur. Votre troisième mère, ai-je besoin de la nommer, c'est celle que vous appelez du nom si chrétien et si beau de marraine (matrina), celle que l'Église — une mère aussi ! — plaça un jour près du berceau de votre âme, pour veiller sur elle, pour y jeter les premières semences de la foi, pour y implanter et y faire fleurir la divine piété. Vous savez, mon enfant, avec quel dévouement tout maternel votre pieuse tante a rempli constamment ce grand devoir à l'égard de sa filleule (filiola), de sa petite-fille selon la grâce.

Voilà donc quelles affections, quelles tendresses se donnent dès à présent rendez-vous à votre foyer, pour en être l'appui en même temps que le charme. Puissent-elles aujourd'hui, à cette heure, se répandre en ardentes prières et appeler sur des têtes si chères l'abondance des bénédictions célestes ! et puissent aussi les vœux du ciel répondre à ceux de la terre ! Il est consolant de penser que du sein de Dieu où ils reposent, l'aïeul tant aimé, le grand-oncle si vénéré, vous contemplent en ce moment, jeunes époux, avec complaisance, étendant leurs mains pour vous bénir.

Moi-même, au nom de mon ministère sacré, au nom aussi de ma profonde affection, j'adresserai pour vous au Seigneur mes humbles supplications. Vous avez voulu que je porte votre souvenir au saint autel, toutes les fois que j'y monterais, toutes les fois que j'y élèverais le calice du salut. Votre désir, soyez-en sûrs, sera parfaitement rempli. Oui, et de tout mon cœur je vous présenterai à Dieu avec l'Hostie sainte ; je vous baignerai dans le sang divin, et ainsi j'obtiendrai pour vous, j'en ai la douce confiance, une vie bénie de Dieu, une vie longue et prospère, une vie dont les années, précieuses devant Dieu et devant les hommes, s'écouleront paisiblement comme ces eaux utiles, jamais troublées, qui fécondent la terre en reflétant le ciel. Ainsi soit-il.

Chartres. — Imp. Durand, rue Fulbert.

www.ingramcontent.com/pod-product-compliance
Lightning Source LLC
Chambersburg PA
CBHW061618040426
42450CB00010B/2558